JN418064

다가서지 못한 시간들

다가서지 못한 시간들

김재준 시집

1판 1쇄 발행 | 2022. 12. 25

발행처 | **Human & Books**
발행인 | 하응백
출판등록 | 2002년 6월 5일 제2002-113호
서울특별시 종로구 삼일대로 457 1409호(경운동, 수운회관)
기획 홍보부 | 02-6327-3535, 편집부 | 02-6327-3537, 팩시밀리 | 02-6327-5353
이메일 | hbooks@empas.com

ISBN 978-89-6078-764-3 03810

다가서지 못한 시간들

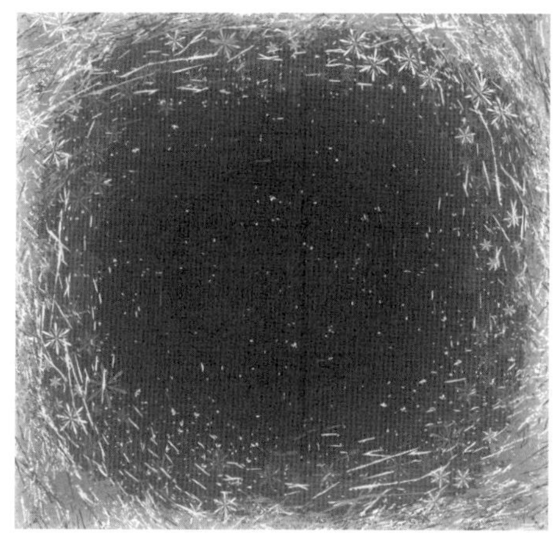

김재준 시집

시인의 말

올해 유난히 애달팠던
봄, 여름, 가을
먼저 떨어져 간 이름들 위로한다

맑은 세상을 위해
눈 내리는 겨울 기다리며
나도 하얗게 쌓일 것이다

여름과 겨울 뿐인
둘로 나눠진 세상
일상의 표정에 계절이 사라져
그만큼 팍팍해졌다

일찍부터 나의 삶이 된 시(詩)에게 고마움 전한다

김정수 시인님의 귀한 발문 덕택에 시가 날개를 달았다
믿고 응원해 주신 문학평론가 하응백 박사님,
성급한 저자를 만난 휴먼앤북스 출판사 식구들,
나와 가깝고 먼 모든 분께 인사드린다

다가서지 못한 시간들 위해 걸어갈 것이다.

2022년 겨울 김재준(재민)

차례

1부

2부

3부

1부

사랑의 그리움

행복이라는 것

잉크 냄새
신문지 넘기는 일

책 펼치며
냄새 맡는 일

겁먹은 고양이
먹이 받아먹을 때

땀 흘려 푸성귀 뜯으며
청개구리 눈 마주칠 때

별·달·부엉이·풀벌레 소리

밤하늘 별
창문으로 들어와
등불 끌 때

눈 무덤

길에 치인 짝을 두고 떠나지 못하는 새
차가 지날 때마다 날며 다시 앉는다
주검을 옮기지 못한
안타까움 겨울바람에 애절하다

죽은 새 위에 눈이 쌓이는데
홀로 남은 새는 떠날 줄 모른다
짝지어 날던 봄의 들판과
솟대에 꿈을 실어 나르던
지난 생각 바람이 지우고
하얀 무덤 눈이 만들어 준다

농약 묻은 낱알
쪼아 먹는 이 땅에
내리는 눈은
묘지보다 큰 왕릉을 만들어 주었다
하늘 다스린 종족이었던
거룩한 새의 죽음

길에는 하얀 무덤
제설차에 사라질 흰 눈 무덤

날아가지 못하고 하염없이 바라본다
사람은 죽어서 새가 된다는데
새는 사람의 먼 조상이었다

바람 부는 날

너는 내게 부딪히고
나는 너에게 닿으며
들풀처럼 기대 살아간다

이 땅 모든 것이 흔들려도
다시 살아가는 것은

비어 있어도
내가 빈 것은
너 가득할 수 있음으로

어디서 와서
어디로 가든지
우리는 흔들리며 숨 쉬고 있구나

초파일

때죽나무꽃 떨어져
떼거리로 열반에 든 아침

하얀 꽃 밟히는 산길에
뻐꾸기 울음 길게 따라오고

산을 깨우는 딱따구리 소리가
절집의 목탁처럼 들려

어느 스님인들
이보다 맑을 수 있을까

오늘은 모두 부처다

밀레의 이삭 줍는 여인들* 생각한다

커다란 김밥 둘둘 말아
하얀색 비닐 친친 싸매 놓은 벌판
저 둥그런 가을의 주검이 널려진
지푸라기 하나 남김 없는 이 땅에서

밀레의 그림 이삭 줍는 여인들 생각한다
몇 개의 알곡 그리며 먼 하늘 날아온 참새
아무리 찾아 헤매도 먹을 것 없어 쓸쓸히 돌아가네
어릴 적 제사 기다리다 새벽에 잠 깬 기분으로
되돌아가는 새들

요즘의 들판
랩 베일 사일리지** 미라가 있는 풍경화
순례자의 모습으로 그려졌네 이 그림
몇 톨의 알곡 실수처럼 남겨둔
아버지들의 이삭 줍는 세 여인

한때 풍요로 가득했던 땅에서
숨쉬기 차단된 이삭 몇 개
다시 그림 속 여자의 손에 들려져 있네

* 1857년 장 프랑수아 밀레의 대표적 명화
** 하얀 비닐로 밀봉한 가축의 겨울 먹이용 볏짚 더미

꽃이 진다

거리엔 분홍
여인의 입김
필터에 남아
입술 자국 진다

여름 고추 같은
긴 손가락 끝에서
아스팔트 위에
보도블록 위에

노상 방뇨

동물을 가축으로 만들고
화학비료 살포해서

지구를 중고품으로 만들어 놓은
인간들

지각의 병원균 없애
행성을 살려야 한다

섬백리향

새록새록 고운 얼굴
그저 바라볼 뿐

마음 송두리째 도려내
선량함마저 무너뜨리는

백 리 길 먼 데서 온
황홀한 내음

가슴 막히는 밤
어찌할 수 없네

겨울 아침

돌 던지면
쨍
깨지는 아침

쇠죽 연기 흐늘흐늘
산마을 걸렸네

아직 덜 깬 논둑길
서리 밟는 오누이

까치집 있는 곳
자기 집이래

사랑

얼룩진 볼에
슬픔의 흔적
지워 준 때 있었습니다

내일 그리던 꿈
묻어두길
약속한 적 있었습니다

지웠다 쓴
그리움
이제 알 수 있습니다

가을

노란 색종이
자르는 아이들

거리엔
세모
네모

동그라미들 몸짓

장마

며칠 내린 비에
지친 꽃잎처럼
맥 빠진 얼굴

기미 주근깨가
꽃 진 자국같이
쓸쓸해 보여

마르지 않은 생각에
머리카락 쓸어 올리는
날들

항구 연가

술 취하면 설레는 밤
누가 부르는가 오랜 바람의 노래

달빛은 물결에 실려 출렁이고
화풀이처럼 항구에 잔을 친다

바다는 취하는데
배들 속절없이 잔다

그날 술집에서 처음 느낄 때
바람은 부드럽게 일고 있었지

이슬

밤새
헤어진 사람들

꽃잎에 붉은
나뭇잎 푸른 눈물

오늘 밤
몇이나 헤어져
눈물 쏟을까

새 옷

머리맡에 새 옷 냄새
때때옷 생긴
언니는 좋겠다

일 년 지나면
또 내 옷 되고

언니 새 옷 사고
나는 자꾸 물려 입고

언제쯤 나도
머리맡에 새 옷 놓고
잠들까

오월

새근새근
잎새들 숨소리 들으면
말간 아이 살 내음

자장가마냥
솔솔 일렁이는
배냇저고리

내 어찌
앙칼지게 푸른
여름날 기다릴까

사랑의 그리움

종이배 띄워 보낸
강둑에 서서
남은 이름 불러본다

하얀 사과꽃이
속내를 만져 놓지만
향기롭게 해주지 않는다

멀어진 사람 생각은
부질없는 줄 알면서
순정으로 핀 애틋함

넘치는 그대 물결
내 몸 다 헹궈도
씻기지 못한 그리움

명향茗香

바람 부는 강둑
소낙비에 젖어
갈대처럼 흔들려온 길

어느 마을 흘러
여기까지 왔을까
내 안의 명징한 물결

가만히 피어오르는
한 올 실오라기
아늑한 그대의 향기

레인 커튼

빨강, 분홍, 주황
그대들 자국

기울어진 글라스
얼룩진 빗물

단추 하나로 여미듯
빗소리에 슬픔을 드리운다

나는
홀로 남은 섬
가득한 그대의 물결

새치를 뽑는다

하나, 둘
남은 세월 뽑는 것은 아리다

하얗게 내리는 몇 줄기
쉬지 않고 돌아온
바람개비 지난날

센 머리카락 끝으로
청춘이 빠져나가는
한적한 일요일

봄의 들판

폭설에 넘어진
비닐 골조 잡고 껌벅이던
농부의 심정 들여다보라

우리는 아직 얼어붙은
땅을 뚫고
쐐기를 박고, 치고

한 알 곡식 익을 때까지
쓰러진 용기를
다시 세워야 한다

언젠가 밥상 차려야 하는
그대 손길
봄 햇살만큼 정갈스럽다

밤의 기타

수척한 긴 머리
흘려보낸 청춘이여
나의 노래여

숨소리 멈춘 코드 위로
손가락 하나, 둘

당기며, 올리며, 미끄러져
어디로 날리는가

애절한 탄주
그대의 울림

봄 눈

좀처럼 헤어질 수 없는
남은 그대 향기
어깨 내려 적신다

이 눈 그치면
겨울에 머물던
발자국 지울 수 있으리

쓸쓸한 계절
마지막 연인

왜 말 안 들었어

수술하고 사나흘 입원해야 한다는데

살코기 좋아하는 것도 그렇지만
대체로 입이 깨끗하지 못하면
걸릴 확률 높다고 했잖아
큰소리 욕 잘하는 사람들
대부분 그래

매일 밑구녁 들여다보는
그들이야 오죽하겠어
입으로 들어간 욕지거리
정상적으로 잘 나오는지
관찰해야 되고 말고

잘 먹고 잘 자는 건 좋은데
저마다 그게 잘 안 되니
참 딱해

아무튼 위쪽이 깨끗해야
아래도 깨끗하거든

성냥개비 그대

그대에게 문지르며
날마다 비벼댄다

우리가 타오르는 것을
불꽃이라 하지 말자

기쁨 슬픔도 타버리면
한낱 부스러기

그래도 나를 태워준
빨간 추억 잊을 수 없어

여름날

졸졸 흐르는 푸성귀 물에
장독 햇살 따갑다

보리밥 감자 몇 개
맴맴 고추 맛 한 사발
먼 산 뻐꾸기 운다

마당 모퉁이
여치 느릿느릿 놀고
뽀르르 헤엄치는
촌놈 개구리들

오솔길 걸어간
순이 얼굴
사립짝에 남아 있다

가을밤

맑은 눈망울
너를 생각한다

하얀 달 아래
두 그림자 만들던
숱한 어둠

밤이슬 내릴 때
알았지
기다림이 사랑인 줄

신발

흙길 돌멩이 언덕 바위 꼭대기
어디라도 내 인생의 수레

천둥 비 오는 날
부르튼 발을 안고 달리는
세상 파편에 너 없이
온전할 수 있을까

땀에 젖은 냄새 무좀까지
불평 없이 헐거워지는데
누가 처음 신발이라 불렀는가

벗어놓으면 우두커니 바라본다

가설극장

껌, 땀과 분 냄새
담배 연기 뒤섞인 방귀 냄새

댕기 머리 부딪힐 때
화끈거렸던 여름밤

선 사람, 앉은 사람
꽁지발 이리저리
즐거웠던 가설무대

며칠 동안 밤하늘에 총총
구름 위로 그네를 태워주었다

고모님 추억 같은 가설극장
그 냄새 아직 설렌다

나뭇잎 진다

아무것도 붙잡을 수 없다
그에겐 앙상한 뼈대만 있고
보드라운 살결 점차 시들어간다

쉼 없이 흔들렸던 몸짓
어느덧 숨 고르면
모든 것 쓸쓸히 사라질 뿐
무엇을 남길 수 있으랴

여름 한때
심하게 갉아 먹혀
뚫린 사이로
온갖 생각 흘러 다니고

땅 위에 내려앉은 그것은
저마다의 품속으로 들어간다

봄빛 속에서

새 교복 차려입은
산골 소녀들
와르르 버스에서 쏟아지는
하오

나른한 개울가에
아낙은 빨래 널면서 눈 비빈다
서럽게 맑은 물결
구겨진 빨래처럼 일렁인다

살구꽃 마당에
턱을 대고 늘어진
삽살개 꼬릴 흔들면
앳된 꽃잎 풀풀 날리고

묵정밭 연기 너머
술병 들고 지나는
뒷모습

낙엽

가로등 아래 나뭇잎 쌓이는 저녁
기타 줄 고른다

부끄러운 첫 얼굴도
한목소리 노래하면 그만

심하게 아팠던 이파리 흔적
누군가 약을 들고 뛰어온다

연인의 이별처럼 훌훌
소리 위에 내린다

사랑이 아니라면

초록 이슬 청춘을 깨우며
다가오는 먼 그대

고운 눈망울 새겨 두지만
돌아서면 지워지는 얼굴

저녁은 그리움 위해 다가오고
밤은 사랑을 만들고 떠나간다

그리운 이여
사랑이 아니라면
강물은 여기서 멈추리

며느리밑씻개

무엇을 생각나게 하는
망측스러운 풀

며느리 설움이래도
아무 데나 염치없이
턱턱 붙는 주제에
여인네 밑씻개라니

하늘보다 먼 나라의 수줍음
나팔도 도라지도 아닌 것이
탱탱한 살 더듬는
겁탈 같은 이파리

답장

당신이 보내준 해쓱한 언어로
글을 짓습니다
며칠 적막했던 몸살 털고
깊은 물 속에서 건져 올린
그리움 알갱이
다 헹구고 남은 순연한 조각
버릴 것 없이
새 동량을 짜 맞춥니다
청춘의 집 짓습니다

일요일 풍경

비 오는 일요일 쉬는 날이라던
통나무 장식 있는 집

여린 기침 소리 따라
오래된 창문에서
화살처럼 박히는 눈빛

빛바랜 유리창마다
소매 끝 의수를 만지던
댕기 머리 연인의 초조

헤어지는 사람처럼
마담은 먼 데 바라본다

달과 거미줄

처마 밑 거미줄에
달이 걸려 있다
쳐다보면 점점 미끄러져
얇은 줄 타고 흘러

거미는 달 속을 이리저리 다닌다
태백 금성 계수나무 지나
우주선 앉았던 자리
왔다 갔다 한다

과거에서 현재까지
거미 한 마리 다닌다
한낱 거미줄 안에 존재하는
모든 것

해당화

그을린 바다 얼굴
빈 어깨 바람 차다

날마다 모래알 흩는 파도
붉은 마음 헤쳐놓은 먼 그대

외로운 옷깃 뚝 떨어져
가슴에 맺힌
바람의 울음 꽃

혜화동 겨울 병동

가늠할 수 없는 어두운 병동
기침 소리 낮게 깔리고
아가미 떼고 지느러미 가른 그들은
파닥파닥 다른 방식으로 숨 쉰다

이런 호흡 익숙해졌지만
물속으로 돌아갈 날 세어보면
부표처럼 불룩한
먼바다에서 흘러온 숨소리

쌓여가는 알코올 솜처럼
창문 너머 꼿꼿이 일어선 겨울 산
수은 비늘 눈 날리는데
어디로 쓸려가 하얗게 녹을까

2부

다가서지 못한 시간들

낙화제

꽃잎은 흘러
물결 따라가는데
돌아보면 빈자리
빨갛게 지는 꽃

꽃같이 고운 모습
흐르는 시절 못 이겨
고운 흙에 무덤 파고
꽃잎 쓸어 묻는 연인

겨울 덕장

눈만 붙어 있으면
고사리손 호호 불며
해 넘어갈 때까지

살을 에는 파도에
붕대 두르듯 친친 싸매
잔 힘 보태던 날들

얼음물에 쩨인
겨울 다 헹구고 나면
버려지는 구정물만큼
꿈이 씻겨나갔다

그 바닷가
덕장에 매달린 순교자들
미라처럼 꾸덕꾸덕
굳어지고 있었다

술

온갖 천사와 악마들
미녀와 야수

사위지 않은 정열
오로지 속으로 밀어 넣고

천국과 지옥 오가게 할
불이 섞인 물

손풍금

바람을 켜면 언덕길에 휘어진
갈대피리 저마다 소리 낸다
가만 듣고 있으면 소리뿐 아니다

해 질 녘 동네 어귀
물약 팔던 늴리리 반주
고운 손가락 쳐다보며
가슴에 손을 대던 누이들

치맛자락 하얗게 펼쳐지던 파도에
고백하던 젊은 날
썰물 소리

날마다 껴안아서
가슴 모두 닳아버린
너

새벽

잠 냄새 가득한 방안
새날의 기척이 엄습해 온다

신문 던지는 소리, 딛는 발자국과
멀리 떠나는 자동차 소리

어제처럼 출발하는 되풀이 시점

눈을 비비며 연탄집게 잡는
이 생존의 느낌

이 땅의 모든 이에게

푸른 하늘 새들에게
함께 오르는 것 생각하고
밟히지 않는
벌레에게 태연함을 배우고

누추한 안개에 갇힌 이웃들
어느 곳인들 가슴 아픈 데 없을까
잎사귀도 떨어져 생채기 되고

주머니마다 채우고 돌아가지만
무심한 몇 줄 낙서라도
사랑과 미움의 경계 되는 요즘

시든 꽃 보며 애태운 적 있었던가
종이배 띄울 물결
우리 안에 있었던가

누이 꽃

언덕 무너져도 꽃씨를 심었다
젖먹이 업은 누이도
저녁에 심은 꽃 외롭게 필 거라고

오래전 숨어서 피었을 것이다
들길 개울가 멀찍이 앉은 꽃
안개 속에 꽃밭을 만들고
하늘의 무지개 생각하며

무덤처럼 까만 씨를 심었다
꿈을 심는 듯
흙이 무거워 숨구멍 눌린 것일까
밤에는 씨알의 숨소리 들려왔다

빗줄기에 언덕 무너지고
꽃밭에서 졸고 있는 누이처럼
몇 송이 매달려 있었다

밤에 나오는 여린 분꽃
지금 어디서 피고 있을까

여름날

누구에게 될까 염려보다
오래 같이 있기 위해
가까이 있어도 먼 데서 만난다

바다의 꿈을 찾는
조가비 모래알 인연
우리 여름날은
참 빠르다

푸른 하늘 뭉게구름
수평선에 잠시 머물 때
여름은 정말 재빠르다

잠깐
우리는 가슴을 마주 댄다

직유법

우연한 만남에서 악수와 껴안기까지
청춘의 속도를 위해 살면서
얼마나 많은 결심 했던가

맑고 깊은 곳의 표정
강물의 흐름은 멈추지 않았다

미리 정해 놓은 생각
도발적이라 멈출 수 없네
아찔할 만큼

단풍잎

누군가 편지를 쓴다
웃음 잃지 말라고
서로 사랑하며 살라고
낮이며 밤이며
자꾸 편지를 보낸다
빨강, 노랑, 파랑
온갖 빛깔

막걸리 집

저녁 답에 비우는 술맛은
투박하다 못해 경건하다
청춘의 사발 쉬 비워지고

겨우내 주막집 문지방
미끄러지게 닳은 것은
색시 분 냄새 탓일 거다

미련

저 건너 옹기종기
머리 맞댄 집들
나뭇잎 끝에 흔들리고

며칠 사이 보낸
올 수 없는 사람
괜히 기다리는 때

술 세상

월요일 마시면 조짐 있다
하루도 거르지 않고
월화수목금토일

선고先考에
음식 남기면 죄 받고
술 남기면 천벌 받는다는 것

장복해야 효과 본다는
어떤 주객

수불 수불 물불의 술이라
세상만사
한 잔

여근곡

저렇게 드러내놓고
천 년 동안 보여주어도
누가 다시 볼까
참으로 민망스럽네

비

소리가 내려온다

하늘에서 땅으로
가슴 두드리는
소리의 향연

피아노, 실로폰, 하프
기타 소리

청춘은 탁탁 튀어 오른다
빗방울처럼

사량부蛇梁賦

서로 거리 좁히려
이 섬과 저 섬 사이
멀어진 것 잇기 위해

배는 흘러 다니지만
무엇으로 이어줄까

기다리다 지친 섬
진달래꽃 멍들었네

낯선 바다에서
동백꽃 피우던 날
점점이 다가오는 다도해

아람

하늘의 별이 달렸네
햇살도 갈잎색

이슬 맞은 모자 쓰고
똑똑 떨어져 산길에 구르네

옛이야기 꼭꼭 숨은
열매

어떤 중년

사냥할 힘 잃어버려
겨울 해처럼 느릿느릿

털 속에 감춘 발톱 한때의 야성
바람이 흔들어도 지나가네

벌판 달리던 날렵한 몸짓도
빗물에 달라붙은 이파리

자작나무

눈 속의 슬라비안카
하얀 종이 찢어 쓴
바람의 편지
파란 하늘 날아다닌다

"당신을 기다리지만
여의찮으면 죽음"

베라 크런치 눈동자는
매혹적인 파멸의 추억

눈보라 치는 숲속으로
사랑은 깨지듯 얼어붙는다

산 동백

아우라지 올 동백
향기 찾아다녔지
한밤 지나 노란 봉오리

강 건너 마을
흐르는 물 따라 한 입
손바닥 이파리 몇 술

노란 어느 가슴에
검붉게 애타던 열매
봄은 네 아니랴

대합실

늦은 발길 동부 정류장
멀미 시달려 헤매던 길

무거운 보따리 당신에게는
허깨비 같던 도시 불빛들

시간 지나 세월 지나
어머니 보이지 않네
오는 버스에

허니문

아침에 눈 뜨면
바라볼 수 있어
좋은 너

하루를 보내고
마주하며 잠들 수 있어
행복한 나

함께 있으면
세상 모두
맑은 유리창

낙화

풀 위에 떨어져
잠자듯 누웠네

둥글고 모난 바람
귓불 간지럽히네

바람에 떨어진 여자

사무실 풍경

70~80년대 교실 냄새 나는 방
화분·소파·탁자·의자·책상·컴퓨터·책장·티브이·에어컨·청정기·액자·족자·달력·도자기·전화기·보온병·컵·필통·메모지·명패·프린터·옷걸이·옷장·책장·쓰레기통·화장지통·파쇄기·소화기·테이블·신문지·시계……
미스 박·신·전
마지막엔 나
한결같은 세상 그려가는 이들

술 우물

그곳에
백 가지 마음 고여 있다

한 개를 건지려
날마다 퍼 올린다

가을걷이

– 천하태평농법

서리 내리고 잎이 지면
고구마를 캐

감을 따자고?
좀 더 두고 봐

황량한 계절에
일찍 보낼 수 없잖아

둘

내 생각은
그대의 말에서 나오고

너의 생각이
내게 와서
시가 되었다

겨울 풍경

연탄불에 모인 막걸릿잔들
고단한 손으로
쓱 턱을 닦고

이때쯤 주전자 너머
눈 내리면
지나간 발자국마다
추억이 묻히는데

누구의 도화지에 쌓이는가?
이 겨울눈

다가서지 못한 시간들

찬 바람 부는 들판
겨울은 모든 것을
안타깝게 만든다

어디서 웅크리고 있는 생명들

다가서지 못하고
모두 헤아리지 못하고
다 품지 못하고 살아온 시간들

못내 아쉬운 밤

항구여관

불을 켜니
옷은 아무렇게 늘려져 있고

빈 물병
베개 덮은 머리칼
아직 그대로

으스름 불빛
창문에 흐려
숨소리만 고요하다

고추대궁

빈 가지에 부는 겨울 소리와
마른 대궁에 맺힐
눈꽃의 기다림

여지없이 앗아간
상심한 겨울의 오후

더 이상
새들은 오지 않을 것이다

도화동산*에서 수묵화를 바라보다
– 울진 삼척 산불현장

까맣게 타버린 그들 어디로 갔나?
22년 3월 잔인한 수묵화에 그을음 냄새난다
강원과 경상도 접경
울진 삼척 무장공비 잔혹한 사건 후 54년
신록의 계절 먹칠한 수묵화

열흘 동안 이승을 떠난
고라니·산양·오소리·다람쥐·사슴·노루·개구리·애벌레……
이름 있는 것들과 이름 없는 풀들과 여린 들꽃의 향기와
수많은 산신령과 나무들
불 먹은 그들 어느 하늘 떠돌고 있을까?

타버린 봄, 초록과 새봄을 빼앗겨
계절 건너 가을이 되었구나
가뭄에 지친 소나무에 강풍이 달려들어 검댕이 만들었구나
첨단과학 시대 인간들보다 영악해진 산불
종횡무진·변화무쌍·신출귀몰……

숲의 주인 모두 어디로 갔나?
까마귀 몇은 하늘 빙빙 돌다
잿빛 그림 물고 날아가는데
그들은 언제 산이 되어 돌아오려나

* 강원·경상도 접경지역, 울진 북면 배롱나무 동산

아버지

날마다 밑줄 그어진다
팽팽한 외줄 타기

아이 생일날 제과점 기웃거리며
말없이 돌아올 때
충혈된 달빛 아래
한 개의 가냘픈 그림자

발자국 선명하지 못했지만
구두 밑창 한쪽으로 닳고
어느덧 신발이 헐거워

처음 면도하던 시절 잊히고
얇아진 지갑에 바람 들어도
무지개 놓치지 않으려는
오래된 소년

산마을 지나며

구불구불 곡선이 사라진
저 인정머리 없는 논밭
오로지 직선만 남아 있네
반듯한 경지정리에 매몰된 이야기
돌 틈으로 바위 사이 툭툭 삐져나왔구나
고향을 버린 앙칼진 사연도
서방 잃은 뒷마을 얘기도
묻고 감추어본들
어디라도 드러나지 않으랴
파랗게 달린 나뭇잎은
언제까지 촌스럽고 정겨울 것인가
삽자루 맨 어깨
붉은 해 얹혀 간다

하얀 집

보건소 건물 왜 하얀지 알아?
창백한 사람들 가는 곳이니까

자고 나면 에탐부톨, 아이나……
입안에 털어 넣고
술집 여자처럼 하얘졌던 날

시퍼런 칼로 생선 치던 꿈 꾸었지
나는 한 마리 물고기, 날마다 파닥거렸다

겨우내 문풍지 바람이 가슴에 꽂혀
"약병 버리기 아까운데요?"
"……"
아궁이에 냅다 던지며 신경질 왜 냈을까?

긴 머리 헤프게 웃던
그 겨울 하얀 집

부부

가슴 설렘 언제였던가
좋은 날보다 궂은일 많았던

가려운 데 긁어주고
생채기 보듬던 지난 시절
말없이 밋밋하게
숭늉처럼 살아왔네

목숨 다하는 날까지
곁에 있어 인연이라 하네

달려 있고 싶다

지나는 사람마다
떨어뜨린다

하나
둘
셋

누구나 이승에서 살고 싶지만

장마철

마담의 화장이 짙고
골목길 손수레 며칠째 그대로
가로수 잎은 자꾸 늘어져

보도블록 왜 깔았을까
밟으면 물이 튀어 옷 다 버리고
불어 터진 지렁이 널브러져 있네
……
윈도 브러시를 새로 바꿔야 해

금요 장날

까만 손톱 무슨 일하고 왔을까

얼굴 가린 모자는 연기를 뿜어댄다

통닭, 생선, 호떡, 뻥튀기……
장꾼들 맞닥뜨려 목발 짚은 길 좁고
폐지 실은 유모차 힘겹다

앞치마와 부딪친 작업복이 흙 묻히고 간다
울고, 웃고, 찡그린 온갖 표정들
흥정 붙이며 목청 한 번 더

떨이와 땡으로 한세상 살아도
겨울 해는 떠나지 않는다
바람 부는 곳에 웅크린
고개 숙인 젓가락이 시리다

비 오는 날의 기타

빗방울 통통거리며 튀어 오르고
미끄러진 물방울과 속삭이는 노랫소리
일정한 소리마다 느낌을 가졌다

살갗에 닿는 빗물의 느낌 쓸쓸한데
걸어오는 우산 속 하얀 무릎에도
안개 같은 물빛이 젖어 들 것이다

내려서 고이고 흘러서 넓어지는 우리들
어떤 이에게 닿아 얼마나 머물 것인지
도시의 빗물은 오래 고여 있지 못한다

늘어진 가로등 나뭇잎 흔들고
비를 밟던 걸음 차츰 멀어져
줄을 두드리는 손이 빨라졌다

3부

그리워서 흘러가는 길

입영하는 날

다시 만나기 위해
헤어지기 힘들어도 서로를 보내야 하네
사슴 같은 표정으로 마주선 우리들
손을 잡고 있지만 잠시 헤어지는 인사일 뿐
눈물 감춘 뒷모습에 손을 흔들어
돌아올 날 언제일까 헤아려 보네

떠나온 사람들의 아픔과
초조함의 대열로 이루어진 병영兵營
흐르는 물이 강을 만들 듯
고여 있던 우리 바다로 흘러가게 하고
큰 바다 이루려는 젊음들 있어
푸른 강토 오래 함께할 것이다

떠나야 하는 것이 이렇게 슬픈 날
텅 빈 가슴마다 자꾸 고개 들어 하늘 본다
돌아올 날 기다리며
울컥울컥 헤어져야 하네

손수건

너의 기쁨과 나의 슬픔이
눈 맞아 포개졌다

청춘의 표정 되어버린
너의 향기 눈망울 색

다시 만나면
젊음을 개어서 돌려주고 싶다

돌아오지 않는 강

더 이상 흐르지 않는 강물
우리도 서로에게 흐르지 못하고
머물 곳 잃어버려 부표처럼 떠 있다

숨 없는 물에 갇혀 빈 하늘 쳐다본다
구름 비쳐 볼 곳 없고
힘이 빠진 산하 풀이 죽었다
소금쟁이, 물방개, 달개비, 개구리풀……
이들은 어느 물터에서 떠도는가
빛을 잃은 강가
달은 검은 물속에 가라앉네

물소리 사라진 이곳 노을이 바래지고
노 젓던 휘파람 떠난 나루터마다
갈대숲 옛이야기 애달프다

강바람 모래밭에 전설로 묻힌
낙동강 오리알 모두 어디로 갔나

개치내쒜

– 알레르기 비염

코를 간질이는
이 자극의 소리 동작
재채기

네가 만든 안개 속에서
길 잃을 뻔했지만

코풀래기 친구 된 지 십수 년
감기 들지 말라고
마법 걸던 주문呪文

주머니에 또 화장지 넣었지
빨래가 모두 하얗게 됐어
어휴,
옷 털고 세탁기 새로 돌려야 해

겨울 산길

찬바람에 콧물 흘러내려도
즐거운 걸음
발길에 채는 돌멩이 일어서 매섭고

쨍, 하늘 깨는 바람 한 줄기
괙괙, 까마귀 울음도 서툴다

잔설이 깔린 호젓한 산길 방뇨

하나는 서서
하나는 앉아서

서울의 강물

새벽 눈들 서서 잠든 채
어디론가 흔들려 간다
사랑 잃고 사랑을 이루기 위해
돈 떼이고 밥을 얻기 위해
매일 땅 밑으로 들어가는 사람들

덜컹덜컹 밤낮없이 실려 가는
도시의 검은 물 위에
별이 빠져 허우적거리고
수많은 눈 반짝이는 강을 보라
눈물 없이 쓰라림 없이
이곳에서 빛날 수 있을까

사랑을 뺏긴 미스 김 울면서 가고
배불뚝이 사장 시시덕거리고
빈 상자 실은 손수레에
청춘이 매달려 간다

천국과 지옥
함께 숨 쉬는 서울

내일을 잃은 사람들에게
꿈을 나눠주기 위해
빛을 나눠주기 위해
강물은 저렇게 반짝이는 것이다

환절기

목이 무겁고 코가 막혔어
구기자, 대추, 마늘
푹 달여서 한 잔

아침에는 중년
저녁엔 청춘인 나의 인생
서로 겹쳐 먹먹했던 횟수만큼
느낌 무뎌져 가는 헌 몸

뜨거운 김 유리창 부연 자국처럼
바깥세상도 흐려
내일은 생강, 배를 좀 사다 줘

이른 봄

새잎을 위해
묵은 잎 떨어뜨리는
소나무

바람 찬 길 위로
애벌레 구르고
나무에 귀대면
톡톡 움트는 소리

자꾸 발밑을 보며 걷는다

부지깽이

주술에 걸린 듯
날마다 서서 살고

누우면 부정 타는 일이라

끓어오르는 결을 삭히며
까맣게 그을린 일생

매촐한 몸짓으로
스스로 태워야 사는 운명

수곡리

바위마다 둥근 나뭇잎
찬물 내기 물길에 발 담그면

숲속의 으스름 서늘히 내리고
달이 걸린 때죽나무 하늘에도
은하 물길 굽이굽이 흐르네

순이네 사는
왕피천 우렁이 개울
다슬기 먼저 달마중 나오고

새 소리 멀어지는
저녁 강가엔
한 줄기 안개구름

그리워서 흘러가는 길

접경 마을 매화는 꽃망울 틔우는데
강 따라 싸락눈 발길 붙잡고
등짐을 베개 삼아 하늘 보면
나물 캐는 아낙의 등 너머
먼 산 첩첩이 깊다

얼음물에 씻은 냉이 뿌리처럼
이 산 저 산 모질게 넘어온 발길
손 시린 집마다 연기 피어오르고
문 닫힌 삼거리 마천 장터
정류장엔 기다리는 사람 없네

잃은 것 찾아 산마을 가는 걸음
자꾸 눈을 털어도 잊히지 않는다
강물에 쓸려간 휘파람을 위해
내일은 어느 산 갈까

끌며 당기며 따르는 강물처럼
흘러서 함께 가는 사람들
전라와 경상지방 인심이 겹치는 접경
바람은 눈을 몰고 오는데

포장마차 난로 곁엔 코끝이 맵다

아무리 걷는 것이 나그네 일이라 해도
이런 날 어찌 한 잔 기울이지 않으리
오늘 서로에게 마주한 그대가 되기까지
얼마나 많은 강 건너왔던가
흘러도 떠난 것 없고 머물러도 쉼 없는
사랑이여
다시는 울지 말자

굽이굽이 길 따라
사는 맛 얼마 만에 느끼는가
낯선 곳 장작불 따뜻한데
땀에 젖은 옷인들 어떠랴
네게 스며드는 저녁이어서 좋다

절집 개

호박잎 축축 처진 여름날
영국사 경내 묶인 하얀 개
하루 종일 법당 바라보며
짖지도 않는다

충직하게 부지런히 살라고
반야般若라고 부른다
삼복더위에 이름 얻었으니
이미 성불했는지 몰라

염주나무 산사의 오후
저 백팔번뇌 알알이
어느 손길에서 윤회할 것인가

오뉘탑

청년 시절 이 탑에서
사랑은 어떻게 할까 생각했다
모두 오누이 되면

어른 돼서 다시 오니
알 수 있겠다
부부도 사근사근
오누이처럼 살라고

숲의 물결
– 지리산 일출

바람이 숲으로 들어온 날
구름 한 자락 하늘 가려 검은 숲속
신령이 내린 지리산 전설은 밤보다 길다
지워지지 않고 내 안에 붉던 산장의 일몰

밤새 씻긴 것이 새벽에 흘러나온다
깨질 듯한 공기, 안개, 물, 낮은 바람
먼 하늘에서 오는 빛의 구름까지
별 찾던 눈동자마다 환한 표정이다

하늘, 풀, 나무, 새, 바위
파랗게 검은 물결에 잠겼는데
드디어 붉은 것이 나타난다
너도나도 얼굴엔 붉은색
누구와 잠들어 저렇게 붉은 걸까
나도 물들어 산으로 마을로 흘러간다

잠든 불빛이 나뭇가지 매달린 새벽
아침 해 한 개씩 품고 내려가는데
나무마다 배낭을 붙잡는다
구상나무, 신갈나무, 지렁쿠나무……

숲의 물속에 날마다 헤엄칠 수 있으면 좋겠네

다슬기잡이

돌다리 너머
저 맑은 개울

온종일 물속에
머리 파묻고 있는 사람들

보거나 말거나
헛디뎌 엎어지고
첨벙거리고

으스름 내리면
달빛은 물속 들여다보는데
……

쓰러진 풀잎도
밤새 앓는다

서울 비

골목 어귀 젖어오는 그림자
발자국 무겁다
코끝이 시리도록
서울에는 사이다 비

생활비 걱정하는 쪽방에
내리는 빗소리가
동전 떨어지는 소리로 들려

미처 들이지 못한
세숫대야 물소리가
폭포처럼 들려

한쪽 눈 잃은 고양이 맴도는데
건더기 남긴 국밥 뚝배기
자꾸 생각나는 밤

창문으로 들이치는 빗방울
재채기 몇 번 해야
콧물이 멎을까

인연

건널목 건너며
멀리 바라보다

다 건넌 뒤에
뒤돌아보면

같이 돌아보는 사람

아버지가 들려주는 이야기

지난날 어둠 속에서 흐느끼던
한숨과 눈물 거두고
반짝이는 눈동자처럼
새롭게 햇살 받는 오늘
아버지는
뜨거운 사랑으로 살기를 바라지 않는다

그냥, 싱겁게 잘 살아야 한다
땀 냄새 너의 고단한 일상이라도
아버지는 늘 고맙게 생각한다
너희들 집이 옮겨 다니는 것도
발자국 따라 이뤄지는 것이니
하얀 옷에 때 묻은 손길 허락하여
둘이서 하나의 삶 새로 만드는 일이
잘 사는 것이다

서로를 위해 밤새 기다리며
살다가 길이 보이지 않을 때
비틀거리던 아버지 생각해야 한다
사람들 다시 떠나기 위해 걸음 멈춰도
꼭 하나의 길로 가야 한다

비록, 오늘 아버지가
이 자리에 손을 잡아주지 못해도
간절히 바라는 것은
하나로 밝힌 촛불이 꺼지지 않도록
작은 일에 슬퍼 말고
서로 섬기며 살기 바란다
한결같이 살기를 믿는다

오래된 달

지붕 위로, 산으로 덤불 속을
헤매고 다니다
곳곳에 긁힌 자국
창가에 살금살금 고양이 걸음으로
때론 하얗게, 새파랗게 질려 다닌다

밤바다 첨벙거릴 때
젖어서 한결 부드러워
물결에 섞여진 빛
반짝이는 것은 슬프지 않아
울지 않는다

오늘 밤 비록 헌 몸이지만
새로 만난다면
풋풋한 모습으로
네게 다가서고 싶다

젊음은 간다

먼 들판 바라보며 서서
한 줄기 알량한 자존심 위해
힘을 줘 본다

마른 나뭇잎에 떨어지는 소리가
드르륵 총소리로 들려
발악하며 새싹들 흩어지고
멀쩡한 땅에 물길이 생겼다

늘씬한 몸매 늙어가는 오후
벌거벗은 로마 분수대 동상과
시뇨리아 광장의 다비드상을
닮지 않았나

세월 가면 사랑도 헐거워지는데
부질없이 청춘을 한탄하고
어디 써먹을 데 없는
안타까운 젊음이 지나간다

술잔

유혹에 빠진 입들
온갖 자극을 남기는 시간

자꾸 다가간다
입을 갖다 댄다

욕망을 채워 줄
위험한 색깔
너는 검정
나는 빨간색이었다

오늘 저녁
하늘과 땅 오가게 할
마녀의 입술

똥

찌꺼기 아니다
일상의 결과
문제에 대한 답변

지글지글 꾸륵꾸륵
트림하면 고약한 냄새

아름다운, 더러운 사람도
지독한 배설

음담패설, 술, 고기 몇 접시
온갖 것들

어제 일이
물리적으로 바뀐 오늘

포틀럭 시대* 추석

기록적인 10일 연휴
비행기가 점령한 하늘 복잡해
별과 달도 나올 수 없을 거야
가을 저녁은 달 속에 갇힐 것이다
옥토끼 방아 대신 도깨비방망이
금 나와라 뚝딱
집마다 세종대왕, 신사임당, 로또복권에 절한다

무엇이든 카톡 보내봐
좌포우혜, 왼쪽이 포퓰리즘 오른쪽 세습경제
상다리 휘어진 차례상에 조아리며
머리 긁적거리자 손톱 밑에 머리카락 자란다

풀 한 포기 어렵게 자라는 거친 땅에 엎드려
오체투지 일상인 나라가
오히려 행복하다고
텔레비전 끄자 비로소 긴 연휴 끝났다

* 자신의 개성을 표현하는 시대(음식을 가져와 나눠 먹는 식사에서 유래)

마늘 캐면서

대궁 뚝 끊어지는 가뭄
마늘의 정직함 믿어야 할까
탁탁 소리 내는 괭이 날도 굳은 땅 파기는 덥다
태기질 잘못하면 씨알 굵은 것만 긁힌다
꼭꼭 숨어있던 어머니의 고단했던 날들
괭이로 파헤친다
더러는 날 끝에 뿌리 생채기 져도
땀은 흐를수록 시원하다
키워놓으면 제각각 자식처럼
일정하지 못한 씨알이지만
가지런히 줄 세워 놓는다
확실히 굵은 게 말썽이다
그러니 제 살 남 주며 사는 것

칼 제비

물 위를 나는 물 제비
산으로 날아가는 산 제비
얼마나 잘 날기에
칼 제비로 부르는가

국수를 삶는 것인지
멸칫국물 냄새 장터 가득하고
늦도록 짐을 진 젊은이
서문시장 노점에 앉아 있다

땀도 그만 국물 냄새에 묻혔다
칼국수와 수제비 한 그릇에 퍼 주는데
칼 제비

세상 부지런히 살아보라고
재빠르게 날아보라고
푹푹 담아 준다
고단한 어깨 어둠이 내린다

침식골 돌부처

비 오는 산길
사천왕으로 둘러선 소나무
돌부처 만나러 간다

여기가 도솔천
이승의 번뇌 얼마나 골치 아팠으면
머리를 하늘에 뒀을까

감히 목 위에 얼굴 대 본다
건방진 부처다

생각이 넘쳐 머리 두고 갈까?
비우고 가라 한다

선택사항

백화점 6층
여성 의류매장
양가죽으로 만든 코트
175만 원
“보들보들 느낌 좋고 세련돼 보여요”
……
호랑이에게 잡아먹히려면
괜찮아

밭을 갈면서

땀범벅 된 내게 자꾸 말을 건다
"매일 풀 베고 갈아엎는 것보다 낫다."
"제초제 치면 지렁이, 벌레 다 죽어요."
……

흙먼지 뒤집어쓰며 갈아엎는다
번데기, 어린 벌레 움틀 거리고
까마귀 한 마리도 날아오고
새 떼들 앞으로 뒤로
몰려다니며 숨바꼭질한다

아침햇살에 살찐 흙더미
반짝이며 쳐다본다
나뭇잎 은은한 종소리 내며 말을 건다
흙이 살아있지 않으면 봄 아니다

비닐에 말려 뿌리 뻗지 못한 풀들
원망스럽게 자라는 봄

싸리꽃

어머니 이불 홑청 같은 꽃
짙은 녹색과 연보라

1970년대 색깔로
빗방울 젖네

팔려가던 개

목돈 만지는 일은
개장수 부르는 것

마을 어귀 용달차 소리 들릴 때
헛기침처럼 울다 끌려갔다

깊게 파인 땅바닥
미처 핥다 만 그릇에
달빛만 서럽게 담겼다

물려 죽은 이웃집 닭을 위해
몇 배 값을 치러야 했다

사냥꾼 우쭐거리며
전사처럼 총을 들고
……

저녁 하늘 가득한 핏빛

단풍

헤어지는 이들
안타까운 그리움

보름달

발을 끌고 걷는 만큼
달도 느리다

이번 추석 달
흉부외과 엑스레이

간신히 빠져나온
슬픔의 흔적들

목련

북으로 바라보는
그리움 덩어리

바람의 질투인가
이루지 못해
마주 설 수 없는 간절함

차가운 여인
훌쩍거리며 지나고

사랑은 어찌
참혹하게 떨어지는가

잠자고 싶다

잠에 겨워 눈 비비던
판잣집 고향으로 둔 소녀들아
밤낮없는 보세공장 재봉틀
푸륵 푸륵 힘겨워
며칠 밤샘한 걸음마다
감전처럼 찌릿하게 실핏줄 당긴다

참는다는 건 눈물 나는 일이지
잠 깨우기 위해
잠을 참기 위해
먼 고향 어머니 생각하면
꿈결처럼 손짓하던 모습

오로지 밥을 얻기 위해
얼마나 참아야 했던가
여름날 시멘트 바닥에 누우면
뜨거운 열기도 포근했던

스팀 밸브 돌리는 기분으로
타이밍, 박카스 뚜껑 열면
아직도 야근 냄새

모과

뙤약볕에
모질게도 매달렸네

하룻밤 자면
툭 떨어질 듯
두 밤 지나면
가고 없네

산전수전 다 겪은
엉덩이

봄날

폐교 운동장 서성거리며
아이 울음 내는 고양이

어젯밤 비에 젖은 햇살은
풀잎에 내려 이슬처럼 맑고
나뭇가지도 파릇 부풀었다

먼 산 안개 싸여
김이 솟아오르고
아낙은 아지랑이 밭에
씨앗 심는다

신발 털어도
진흙 잘 떨어지지 않고
바득거리다
미끄러진 자국들

별자리 찾아서

오두막 창문 너머 오리온 별자리
겨울밤 사냥꾼 된 전설 생각하면
왠지 밤하늘 푸르다

검은 하늘 파랗게 보이기까지
오랫동안 유성처럼 흘러
다락 창에서 찾은 별자리

어지간히 쏘대고 다녔으니
파랑새 이야기도 느낌 다르듯
헛짚은 실수 거듭해 찾은 별

가족들

겨울빛 잘 드는 거실
채널 돌리려다
푸성귀, 미역 놓고 한 잔씩 채운다

상 밑에 발장난 하던 눈빛도
누운 햇살에 흐리다
일요일엔 익숙한 물건들과
화분의 꽃잎, 풍금 소리도
같이 늘어진다

낡은 벽시계 치는 동안
고양이는 귀 세우고 있다

장마 저녁

둔탁해진 기타를 놓는다
창문 너머 우울한 숲

창백한 안개의 세계
북국에선 장엄하겠지
맑은 날 감춰진
지하실 같은 냄새

달팽이 나뭇잎 타고
지렁이 땅을 간질인다
늘어진 거미줄 너머
머리칼 쓸어 올리며
옆집 아이 지나간다

사랑 이야기

사랑하면서
사랑을 염려하는 건
수줍음 남았던 까닭

사랑하다 보면
부끄럼 없어진대도
사랑이 무뎌지는 날들

가로등 아래 바람 멈추고
긴 머리칼 귀밑께로
스치는 입김

낙과

고요 속의 평형
마지막 한 개

기침 소리에
뚝

지구가 비틀거렸다

여름날

뙤약볕 길바닥
과일 파는 어미

어린것 칭얼대며
가슴 뜯으며 운다

육질에 박힌 참외 씨앗처럼
뾰족한 세상

너무 반반해서 고생할 팔자구먼 자식 버리고 가는 세월 어디 가서 밥벌이 못 하려고……

점층적 사랑의 미학
흐름과 멈춤의 시학

김정수(시인)

당연한 말이지만, 물은 낮은 데로 흐르는 속성을 가지고 있다. 쉼 없이 밑으로 흐르다가 막히면 약한 데를 찾아내 끝내 흐름을 이어간다. 또 물은 고이면 수평을 이룬다. 수평을 이룬 물은 잔잔한 듯하지만, 끊임없이 밑으로 흐를 기회를 엿본다. 정중동(靜中動)이다. 물의 흐름에 비유되는 것이 '세월'이다. 물이 하강의 속성을 보인다면 세월은 철로 같은 수평의 세계를 견지한다. 아니 그렇게 믿게 한다. 원래 세월은 시(時)와 분(分) 개념의 '시간'보다 큰 규모의 시간을 가리켰다. 세(歲)는 해로 일 년, 월(月)은 달로 한 달을 뜻했는데 '흘러가는 시간'으로 의미가 변했다. 세월의 의미처럼 모든 건 변하지만, 급격한 세상의 변화를 감지하면서도 흑백 사진 앞을 서성이는 사람이 있다. 김재준 시인은 10년 만에 낸 두 번째 시집 『다가서지 못한 시간들』에서 "어머니 이불 홑청 같은"(이하 「싸리꽃」) 싸리꽃을 통해 "1970년대 색깔"을 발견하고, "끓어오르는 결을 삭히며/ 까맣게 그을린"(이하 「부지깽이」) 일생과 "스스로 태워야 사는 운명"을 되새긴다. "눈 내리"(「겨울 풍경」)는 날, 일을 끝내고 연탄불 주위에 모여 막걸리 한 잔으로 목을 축이며 "둔탁해진 기타"(「장마 저녁」) 탄주에 "한목소리 노래"(「낙엽」)로 고단한 삶을 회억한다. 첫 시집 『이발소 근처의 풍경』(월간문학, 2012) 해설을 쓴 장윤익 문학평론가의 "김재준의 시는 21세기 삶의 번잡이 보이지 않는 한 편의 흑백필름 같은 풍경의 미학이다. 우리 시대의 문제로 양각되지 못한 서사들이 추억을 넘어서 뜨거운 파도와 마주하게 만든다"는 평가를 참작하면, 이번 시집은 첫 시집의 시 세계를 이어가면서 한결 숙성된 상실에 의한 슬픔과 사랑, 그리움과 기다림의 서정을 농밀한 솜씨로 펼쳐냄으로써 순수 원형의 이미지와 내면의 풍경을 객관화하고 있다. 2022년 노벨문학상을 수상한 아니 에르노(Annie Ernaux)가 가족 사진첩을 넘기듯, 시간의 흐름과 함께 변화하는 자신의 굴곡진 전 생애를 다룬 소설 『세월』(1984books, 2022 개정판)에서 "자신을 더 잘 알 수 있게 해주는 중요한 질문이 하나 있다면 그것은 나이마다 자신이 살아온 해를 규명할 수 있는지 없는지를, 과거를 어떻게 그릴 것인지를 묻는 것"이라는 말을 떠올리게 한다. 시인은 스스로에게 질문을 던지는 존재이므로 시는 자신과 세계의 진정성을 획득하는 농밀한 작업이다. 이는 단순히 하나의 삶을 설명하거나 회고하는 작업에 머무는 것이 아니라 "생각과 믿음, 감각의 변화, 사람과 주체의 변환을 포착하고 세상과 세상의 과거에 대한 기억과 상상을 되찾기 위해서만 자신의 내면을 들여다볼 것"이다. 이미 거기에 존재하는, 시를 쓰게 만드는, 쓸 수밖에 없는 감각과 절대성을 찾는 '다가서지 못한 시간' 속으로 뛰어들어 보자.

더 이상 흐르지 않는 강물
우리도 서로에게 흐르지 못하고
머물 곳 잃어버려 부표처럼 떠 있다

숨 없는 물에 갇혀 빈 하늘 쳐다본다
구름 비쳐 볼 곳 없고
힘이 빠진 산하 풀이 죽었다
소금쟁이, 물방개, 달개비, 개구리풀……
이들은 어느 물터에서 떠도는가
빛을 잃은 강가
달은 검은 물속에 가라앉네

–「돌아오지 않는 강」 부분

종이배 띄워 보낸
강둑에 서서
남은 이름 불러본다

하얀 사과꽃이
속내를 만져 놓지만
향기롭게 해주지 않는다

멀어진 사람 생각은
부질없는 줄 알면서
순정으로 핀 애틋함

넘치는 그대 물결
내 몸 다 헹궈도
씻기지 못한 그리움

–「사랑의 그리움」 전문

김재준 시인에게 '다가서지 못한 시간'이란 한 번 흘러가면 다시는 돌아오지 않는 강물과 다르지 않은 개념이다. 시인은 세월의 풍화작용과 물질문명의 발달로 점차 사라져가는 풍경을 화려하지 않은 문장으로 담담하게 그려내고 있는데, 그 풍경은 대상이 되는 자연이나 세상의 묘사에 그치지 않고 자연에 녹아들거나 숨겨진 기억을 되살린다. 기억의 편린(片鱗)은 존재하는 사물과 행위, 자연풍광과 어우러져 한 폭의 수묵담채를 그려내는 부싯돌 역할을 하고 있다. 고향이나 어린 시절의 추억이 단순히 자연의 한 부분으로 존재하는 것이 아니라 과거와 현재를 넘나들며 그리움과 기다림의 정취를 자극한다. 특히 "세월 지나"(「대합실」) 기다려도 오지 않는 어머니와 "아이 생일날 제과점"(이하 「아버지」)을 기웃거리는 "오래된 소년", 즉 아버지에 대한 기억에서는 "슬픔의 흔적"이 만져진다. 한데 시 「돌아오지 않는 강」에서 물의 이미지는 과거와 현재를 수평적으로 이어주는 매개 역할이 아닌 단절되어 "흐르지 않는" 양상을 드러낸다. 이런 단절은 물리적인 강물이나 풍경에 그치지 않고 사람과 사람, 사람과 사물 사이에도 작용한다. 시인은 "서로에게 흐르지 못하는" 안타까움과 상실감, 이로 인해 파생된 근원적 고독감을 일정 거리를 유지한 채 물 위에 떠 있는 '부표'라는 사물을 통해 표출된다. 물의 단절은 사람과 사람 사이의 유리(遊離), 자연과 자연의 이격(離隔)이라는 연쇄반응을 일으켜 감정의 진폭을 끌어올린다. "어느 물터에서 떠도는"지

모를 “소금쟁이, 물방개, 달개비, 개구리풀” 등은 살아 있는 대상이 죽은(혹은 잊혀가는) 사물을 호명하는 방식으로 인식할 수 있고, 이런 호명 행위는 추상화될 수 있는 대상을 구체화한다는 데서 의미를 찾을 수 있다. 한곳에 정착하지 못하고 떠돌거나 “물속에 가라앉는” 사물과 “강둑에 서서/ 남은 이름”을 호명함으로써 생명의 부재를 더 실감함은 물론 그 자리를 지키고 있던 사람의 부재를 더 부각시키는 극적 효과를 발휘한다. 이런 행위가 “부질없는 줄 알면서”도 시인은 물 위에 “종이배를 띄워 보내고”, 흐르는 물에 띄워 보낸 종이배는 사랑하는 사람과의 별리(別離)를 상징한다. 하지만 “그대 물결”에 “내 몸”인 종이배가 젖으며 흘러가는 것은 사랑의 깊은 감정인 그리움에 몸을 맡기는 행위와 다름없다. 호명 이후 “나는/ 홀로 남은 섬”(이후 「레인 커튼」)임을 인식하고, “그대의 물결”로 가득 채움으로써 “갈대처럼 흔들려온 길”(이하 「명향(茗香)」)을 되돌아본다. 그 길 끝에서 “아늑한 그대의 향기”가 피어오른다.

얼룩진 볼에
슬픔의 흔적
지워 준 때 있었습니다

내일 그리던 꿈
묻어두길
약속한 적 있었습니다

지웠다 쓴
그리움

이제 알 수 있습니다

–「사랑」 전문

초록 이슬 청춘을 깨우며
다가오는 먼 그대

고운 눈망울 새겨 두지만
돌아서면 지워지는 얼굴

저녁은 그리움 위해 다가오고
밤은 사랑을 만들고 떠나간다

그리운 이여
사랑이 아니라면
강물은 여기서 멈추리

–「사랑이 아니라면」 전문

사랑이 아름다운 것 중 하나는 상대가 있기 때문이다. “목숨 다 하는 날까지/ 곁에 있어 인연”(「부부」)인 부부의 사랑과 “세월 가면”(「젊음은 간다」) 헐거워지는 사랑, 질투로 “참혹하게 떨어지는”(「목련」) 사랑도 결국 상대를 내 자리에, 나를 상대의 자리에 오래 두고 싶은 욕망의 발로라 할 수 있다. 사랑하는 상대가 곁에 있으면 사랑은 세월과 일상에 자연스럽게 녹아 흐르지만, 상대가 곁에 없을지라도 끊임없이 그리워하는 지고지순(至高至純)의 사랑을 소중히 간직하는 것이 가장 이상적이다. 하지만 일방적인 사랑은 질투를 유발하고, 때로 비극을 잉태한 위험한 사랑을 불러오기도 한다. 김재준의 시에서 상실과 부재에 따른 사랑의 감정이 본류(本流)라면 그리움과 기다림, 대상의 부재, 과거의 추억 등은 거기에서 발원한 지류(支流)라 할 수 있다. 그의 시에 빈번히 등장하는 그리움의 정서는 자연과 세월의 흐름 위에서 쓰여진다. 위의 인용시 「사랑」에서 확인할 수 있듯, 상대의 볼에 얼룩진 "슬픔의 흔적"을 지워주고 안아주는 적극적 행위와 "내일 그리던 꿈"을 가슴에 묻어두고 지켜봐 주는 이타적 사랑을 통해 이루어진다. 하지만 그런 사랑은 필연적으로 고통과 아픔을 유발한다. 그리움이 부풀어 오를 때마다 김장독에 올려놓은 누름돌처럼 감정의 숨을 죽여야 '사랑의 맛'을 제대로 낼 수 있다. "돌아서면 지워지는 얼굴"은 진정한 사랑이 아니기 때문에 "여기서 멈"춰야 한다. 사랑 그 자체가 아니라 그리움과 "기다림이 사랑"(「가을밤」)이라는 깨달음은 기꺼이 희생으로 승화된다. 사랑은 가슴에 돌하나 올려놓고 평생 사랑하는 사람을 바라보는 것일지도 모른다. 묵묵히 지켜내는 침묵의 분투가 사랑을 지켜내는 힘이란 사실을 깨닫는 순간 삶은 더 지극한 경지에 올라 자기 자신을 물끄러미 바라볼 것이다.

그대에게 문지르며
날마다 비벼댄다

우리가 타오르는 것을
불꽃이라 하지 말자

기쁨 슬픔도 타버리면

한낱 부스러기

그래도 나를 태워준
빨간 추억 잊을 수 없어

–「성냥개비 그대」 전문

길에 치인 짝을 두고 떠나지 못하는 새
차가 지날 때마다 날며 다시 앉는다
주검을 옮기지 못한
안타까움 겨울바람에 애절하다

죽은 새 위에 눈이 쌓이는데
홀로 남은 새는 떠날 줄 모른다
짝지어 날던 봄의 들판과
솟대에 꿈을 실어 나르던
지난 생각 바람이 지우고
하얀 무덤 눈이 만들어 준다

농약 묻은 낟알
쪼아 먹는 이 땅에
내리는 눈은
묘지보다 큰 왕릉을 만들어 주었다
하늘 다스린 종족이었던
거룩한 새의 죽음

길에는 하얀 무덤
제설차에 사라질 흰 눈 무덤
날아가지 못하고 하염없이 바라본다
사람은 죽어서 새가 된다는데
새는 사람의 먼 조상이었다

–「눈 무덤」 전문

한결같아야 마땅한 사랑은 변한다. 고여 있는 물이 상대적으로 약한 곳, 낮은 곳을 찾아 이동하거나 기회를 엿보는 것처럼 사랑도 움직인다. 겉으로 보기에 고요한 듯하지만, 마음 깊은 곳에 파문을 품고 언제든 일렁일 준비가 되어 있다. 양심의 가책이나 사회적 제약 등의 기제가 제거된 상태, 즉 감정을 누르고 있던 돌이 사라지면 언제든 밖으로 끓어 넘칠 수 있는 것이 사랑이다. 하지만 "기쁨 슬픔도 타버리면" 사랑의 감정은 "한낮 부스러기"에 지나지 않는다. 남는 것은 "나를 태워준/ 빨간 추억"뿐이다. 연민은 이때 찾아든다. "땀에 젖은 냄새 무좀까지/ 불평 없이"(이하 「신발」) 받아주는 "내 인생의 수레" 같은 신발, "앙상한 뼈대만"(「나뭇잎 진다」) 남은 겨울나무, "한낱 거미줄 안에 존재하는/ 모든 것"(「달과 거미줄」)에 연민의 시선이 머문다. 시선 끝에서 몹시 아끼고 귀중히 여기는 마음인 사랑이 불쌍하고 가여운 연민으로 중심축이 이동된다. 이는 길 위에서 차에 치여 죽은 "짝을 두고 떠나지 못하는 새"를 시화(詩化)한 「눈 무덤」에서도 확인할 수 있다. 시인은 죽은 새와 눈 내리는 겨울에도 그 곁을 떠나지 못하는 짝을 통해 생명의 소중함과 사랑, 연민을 생생하게 담아낸다. 짝의 죽음 앞에서 "짝지어 날던 봄의 들판과/ 솟대에 꿈을 실어 나르던" 기억을 소환해 쓸쓸하고도 고독한 감정을 고조시킨다. 길 위에 솟아오른 새의 사체는 '무덤'이 되었다가, 이내 '왕릉'으로 격상된다. 한낱 미물이었던 새도 거룩한 죽음을 통해 "하늘을 다스리는 종족"으로 거듭나고, "사람은 죽어서 새가 된다"는 깨달음에 이르러 새는 사람과 동일시된다. 새에 인격을 부여해 새에 대한 연민을 사람의 연민으로 격을 높인다. 죽은 새 위에 쌓이는 눈의 시간적 재구성과 이를 바라보는 시인의 따스한 시선을 통해 타자에 대한 연민과 고귀한 생명사랑을 미학의 세계로 끌어올리는 동시에 형이상학의 시정신을 시현한다.

폐교 운동장 서성거리며
아이 울음 내는 고양이

어젯밤 비에 젖은 햇살은
풀잎에 내려 이슬처럼 맑고
나뭇가지도 파릇 부풀었다

먼 산 안개 싸여
김이 솟아오르고
아낙은 아지랑이 밭에
씨앗 심는다

신발 털어도
진흙 잘 떨어지지 않고
바득거리다
미끄러진 자국들

–「봄날」 전문

졸졸 흐르는 푸성귀 물에
장독 햇살 따갑다

보리밥 감자 몇 개
맴맴 고추 맛 한 사발
먼 산 뻐꾸기 운다

마당 모퉁이
여치 느릿느릿 놀고
뽀르르 헤엄치는
촌놈 개구리들

오솔길 걸어간
순이 얼굴
사립짝에 남아 있다

–「여름날」 전문

노란 색종이
자르는 아이들

거리엔
세모
네모

동그라미들 몸짓

–「가을」 전문

찬 바람 부는 들판
겨울은 모든 것을
안타깝게 만든다

어디서 웅크리고 있는 생명들

다가서지 못하고
모두 헤아리지 못하고
다 품지 못하고 살아온 시간들

못내 아쉬운 밤

－「다가서지 못한 시간들」 전문

김재준 시의 특징 중 하나는 자연에 대한 연민과 친화를 존재론적 회상과 현재적 복원을 통해 감각적으로 재구성한다는 것이다. 시인은 자연 사물에 대한 지극한 애정과 수용 그리고 이에 동화되는 과정과 결과를 담담하게 시로 형상화하고 있다. 자연을 대하는 시인의 겸허한 마음은 한국의 산을 문화적으로 답사하고 책으로 엮는 과정에서 자연스럽게 몸에 밴 습관처럼 보인다. 거스를 수 없는 사계의 변화에서 자연의 위대함과 세월의 무상함, 인간의 나약함을 몸소 체험한다. 오래 자연의 품에 들면 성품은 자연을 닮아간다. 산행 후, 혹은 일상에서 술을 대하는 시인의 자세는 "투박하다 못해 경건"(「막걸릿집」)하다. 자연의 품에서 나고 자연에서 살아가는 사람만이 지닐 수 있는 삶의 품격, "생존의 느낌"(「새벽」)이다. 이런 환경에서 사계를 다룬 시가 다수를 차지하는 것은 지극히 당연한 일이다. 사계를 다룬 작품 중에서 첫 번째 인용시 「봄날」은 간밤에 비가 내린 산골의 아침 이미지를 한 폭의 풍경화처럼 펼쳐 보인다. 한때 시끌벅적했을 학교 운동장에는 학생들 대신 고양이가 서성거리고, “비에 젖은” 풀잎은 아침 햇살에 맑게 빛을 발한다. 겨우내 삭막했던 나뭇가지에도 파릇파릇 봄빛이 돌아온다. 산골짜기마다 안개가 피어오르고, 아낙이 씨앗을 심는 밭에서는 아지랑이가 피어오른다. 전원 풍경에는 사람이 등장해야 작품이 된다는 것을 자연을 화폭에 담는 화가나 순간을 기록하는 사진가는 알고 있다. 시인은 ‘폐교’의 삭막함을 ‘아기 울음’과 ‘아낙’, ‘씨앗’ 같은 생명의 대조를 통해 실존적 가치를 담아내고 있다. 「봄날」의 시적 공간이 산골이라면, 「여름날」은 산골이거나 좀 더 도회에 가깝다. 시간적 배경도 「봄날」과 비슷하거나 조금 더 거슬러 올라간다. 어쩌면 오솔길을 따라 밭에 씨앗을 뿌리러 간 엄마를 마중 가는 ‘순이’의 모습처럼 정겨운 풍경이다. 반면 가을은 “온갖 빛깔”(「단풍잎」)로 편지를 쓰거나 “옛이야기 꼭꼭 숨은/ 열매”(「아람」)를 찾거나 거리에서 아이들이 “노란 색종이” 잘라 “세모/ 네모// 동그라미 몸짓”을 만든다. 색깔과 형태로 완성되는 가을은 곧 찾아올 “황량한 계절”(이하 「가을걷이」)에 대비하지만, 잎이 진 나무의 감을 “좀 더 두고” 싶은 안타까움이 묻어난다. 겨울은 이 땅에 뿌리를 대고 있는 생명의 성장을 멈추게 하고, 행동의 반경을 심하게 위축시킨다. “웅크리고 있는 생명”과의 거리감으로 더 이상 다가설 수 없도록 한계를 짓는다. “가늠할 수 없는 어두운 병동”(「혜화동 겨울 병동」)을 찾게 하고, “바닷가/ 덕장에 매달린”(「겨울 덕장」) 황태를 통해 순교자를 만나게 한다.

때죽나무꽃 떨어져

떼거리로 열반에 든 아침

하얀 꽃 밝히는 산길에
뻐꾸기 울음 길게 따라오고

산을 깨우는 딱따구리 소리가
절집의 목탁처럼 들려

어느 스님인들
이보다 맑을 수 있을까

오늘은 모두 부처다

–「초파일」 전문

김재준의 시에는 전통적 서정과 불교적 세계관이 바탕에 깔려 있다. 타자에 대한 사랑과 연민의 감정이 중생을 사랑하고 가엾게 여기는 자비심(慈悲心)으로 자연스럽게 이행될 뿐 아니라 이를 통해 인간과 자연의 합일된 삶을 추구하고 있다. 다 알다시피 4월 초파일은 석가모니가 태어난 날로, 사찰마다 연등을 등대(燈臺)에 걸어놓거나 배에 실어 물에 띄운다. 시인은 아침 산길을 걷고 있다. 뻐꾸기가 울고, "산을 깨우는 딱따구리 소리"도 들려온다. 산길 바닥에 수북이 떨어진 때죽나무꽃에 시인의 시선이 머문다. 떨어진 꽃이 "떼거리로 열반에 든" 듯하다. 시인은 석가모니의 탄생과 꽃의 죽음, 허공의 연등과 지상의 꽃을 의도적으로 대비한다. 하지만 열반은 생사(生死)의 윤회와 미혹의 세계에서 해탈한 깨달음의 세계, 즉 번뇌가 없는 상태를 말한다. 시인의 귀에는 딱따구리 소리도 극락왕생을 기원하는 목탁 소리처럼 들린다. 우리는 "어디서 와서/ 어디로 가든"(이하 「바람 부는 날」) 살아 숨을 쉬고, "내가 빈 것은/ 더 기독할 수 있음"이나. "오늘은 모두 부처"라는 깨달음은 특별한 그 무엇이라기보다 진정한 나를 찾는, 존재의 확인에 가깝다. 결국 김재준의 시는 사랑-연민-자비의 점층적 사랑법과 현재를 살고 있는 우리는 절대 선대(先代)에 존재할 수 없는 기억의 환기, 자연과 인간의 조화를 간결한 문장으로 충일하게 들려주고 있다. 이에 덧붙여 시인의 상상력의 폭을 조명할 수 있는 시 「낙과」로 글의 흐름을 닫고자 한다.

고요 속의 평형
마지막 한 개

기침 소리에
뚝

지구가 비틀거렸다.